Organização
Vinícius Nascimento e
Cris Bittencourt

CHÁ DE LUZ:

PRECES E REFLEXÕES PARA O CORAÇÃO E A ALMA

ubook

ORGANIZAÇÃO Vinícius Nascimento e Cris Bittencourt
EDIÇÃO E ADAPTAÇÃO DE TEXTOS Vinícius Nascimento
REVISÃO Cristina Barcia
CAPA E PROJETO GRÁFICO UBK Publishing House
DIAGRAMAÇÃO Cristiano Marques

Dados Internacionais de Catalogação na Publicação (CIP)
(Câmara Brasileira do Livro, SP, Brasil)

Chá de luz : preces e reflexões para o coração e a alma / [organização Vinícius Nascimento]. -- Rio de Janeiro : Ubook Editora, 2024.

"Adaptação da coleção de preces da obra "O evangelho segundo o espiritismo" de Allan Kardec"

ISBN 978-85-9556-942-3

1. Espiritismo 2. Kardec, Allan, 1804-1869. O Evangelho segundo o espiritismo 3. Orações I. Nascimento, Vinícius.

24-219236 | CDD-133.93

Índices para catálogo sistemático:

1. Orações: Espiritismo 133.93

Cibele Maria Dias - Bibliotecária - CRB-8/9427

Ubook Editora S.A

Av. das Américas, 500, Bloco 12, Sala 207,

Barra da Tijuca, Rio de Janeiro/RJ.

Cep.: 22.640-100

Tel.: (21) 3570-8150

SUMÁRIO

APRESENTAÇÃO

Você já parou para refletir sobre a força transformadora da oração? No espiritismo, a oração é muito mais do que simples palavras recitadas – é um ato profundo de elevação espiritual e uma ponte direta para as esferas superiores.

Em "O evangelho segundo o espiritismo" Allan Kardec nos ensina que a oração é uma ferramenta poderosa para a nossa evolução moral e espiritual, pois fortalece a nossa fé e esperança, e também funciona como um escudo protetor contra as influências negativas do cotidiano. Ao dedicar alguns momentos do seu dia para refletir e orar, você harmoniza suas energias, promovendo paz interior, autoconhecimento e equilíbrio emocional.

Nesse livro você encontrará uma seleção de preces ditadas pelos Espíritos, que servirão de suporte para diversas situações, além de reflexões sobre esses assuntos. Quando oramos, para além de benefícios pessoais, também podemos interceder pelos outros, enviando vibrações positivas que são percebidas pelos Espíritos Benfeitores.

AOS ANJOS DA GUARDA E ESPÍRITOS PROTETORES

O Senhor é a minha luz e a minha salvação; a quem temerei?

O Senhor é a força da minha vida; de quem me recearei?

SALMOS 27:1

Todos nós estamos ligados, desde o nosso nascimento, a um Espírito bom, que nos tomou sob sua proteção. Esse Espírito desempenha um papel semelhante ao de um pai para com seu filho: ele nos conduz pelo caminho do bem e do progresso, ajudando-nos a enfrentar as provações da vida. Ele se sente feliz quando correspondemos à sua orientação e sofre quando nos vê sucumbir.

O nome desse Espírito pouco importa, pois ele pode não ter um nome conhecido na Terra. Podemos invocá-lo como nosso anjo guardião ou nosso inspirador. Também podemos chamá-lo pelo nome de qualquer Espírito superior que nos inspire uma simpatia especial. O importante é reconhecer sua presença e pedir sua ajuda, sabendo que ele está sempre ao nosso lado, pronto para nos guiar e proteger.

PRECE 1: Espíritos iluminados e benevolentes, mensageiros de Deus, cuja missão é ajudar e guiar a humanidade pelo caminho do bem, peço que me deem força para enfrentar as provas desta vida com coragem e sem reclamações. Ajudem-me a afastar pensamentos negativos e protejam-me de influências ruins que possam tentar desviar-me do bom caminho.

Clareiem minha mente para que eu possa reconhecer e melhorar meus defeitos, removendo o véu do orgulho que pode me impedir de enxergá-los claramente.

Em especial, a você, meu anjo da guarda que cuida de mim com especial atenção, e a todos vocês, espíritos protetores que se interessam pelo meu bem-estar, peço que me ajudem a ser digno da sua proteção. Conhecem minhas necessidades; que elas sejam atendidas de acordo com a vontade de Deus.

PRECE 2: Meu Deus, permita que os bons Espíritos ao meu redor venham em meu auxílio quando eu estiver em sofrimento e me sustentem se eu fraquejar. Que eles me inspirem com fé, esperança e caridade, servindo como meu amparo, inspiração e um testemunho da Tua misericórdia. Que eu encontre neles a força necessária para enfrentar as provas da vida e resistir às tentações do mal, encontrando na fé a salvação e no amor o consolo.

PRECE 3: Espíritos bem-amados, anjos guardiães, que, com a permissão de Deus e por sua infinita misericórdia, cuidam de nós, sejam nossos protetores nas provas da vida. Concedam-nos força, coragem e resignação; inspirem-nos tudo que é bom e nos afastem do caminho do mal. Que sua bondosa influência preencha nossa alma, fazendo-nos sentir que um amigo devotado está sempre ao nosso lado, percebendo nossos sofrimentos e compartilhando nossas alegrias.

E você, meu querido anjo, não me abandone. Preciso de toda a sua proteção para enfrentar com fé e amor as provas que Deus, em Sua sabedoria, permitir que eu passe.

*SE VOCÊ ACHA QUE ESTÁ SOZINHO,
LEMBRE-SE DE QUE SEU ANJO DA GUARDA
ESTÁ SEMPRE AO SEU LADO, GUIANDO SEUS
PASSOS E PROTEGENDO SEU CAMINHO.
CONFIE NA SUA PRESENÇA E SINTA A FORÇA
QUE ELE TRAZ PARA SUA VIDA.*

PARA AFASTAR OS MAUS ESPÍRITOS

Não se deixem vencer pelo mal, mas vençam o mal com o bem.

ROMANOS 12:21

Os maus Espíritos só procuram lugares onde possam dar vazão à sua negatividade. Para afastá-los, não basta pedir ou ordenar que se vão; é essencial que eliminemos de nós mesmos o que os atrai. Os Espíritos negativos detectam as feridas da alma assim como as moscas detectam as feridas do corpo.

Assim como limpamos o corpo para evitar infecções, devemos purificar a alma para manter os maus Espíritos afastados. Vivendo em um mundo onde esses Espíritos são numerosos, as boas qualidades do coração nem sempre nos protegem completamente de suas influências, mas nos dão força para resistir a elas.

PRECE: Em nome de Deus Todo-Poderoso, peço que os maus Espíritos se afastem de mim, e que os bons Espíritos me protejam. Espíritos mal-intencionados, que inspiram maus pensamentos; Espíritos enganadores e zombeteiros, que se divertem com a credulidade dos outros, eu os repilo com todas as forças da minha alma e fecho os ouvidos às suas sugestões, mas imploro a misericórdia de Deus para vocês.

Bons Espíritos que me assistem, concedam-me a força para resistir à influência dos Espíritos maus e a clareza que preciso para não ser vítima de suas armadilhas. Preservem-me do orgulho e da presunção; livrem meu coração do ciúme, do ódio, da malevolência e de todos os sentimentos contrários à caridade, pois são portas abertas para o mal.

LEMBRE-SE: SUA LUZ É MAIS PODEROSA
DO QUE QUALQUER ESCURIDÃO
QUE TENTAR SE APROXIMAR.

PARA PEDIR A CORREÇÃO DE UMA FALHA OU MAU HÁBITO

Vigiai e orai, para que não entreis em tentação; na verdade, o espírito está pronto, mas a carne é fraca.

MATEUS 26:41

Nossos maus instintos resultam das imperfeições do nosso próprio Espírito, e não de nossa organização física; se fosse diferente, estaríamos isentos de responsabilidade. Nossa evolução depende de nós mesmos, pois quem está no pleno uso de suas faculdades tem a liberdade de escolher suas ações em todas as situações. Para praticar o bem, basta querer.

PRECE: Deus, agradeço por me dar a inteligência necessária para distinguir o bem do mal. Sei que, ao reconhecer algo como mal, me torno responsável se não me esforçar para resistir a isso. Ajude-me a superar o orgulho que me impede de perceber meus defeitos e me proteja dos maus Espíritos que possam me incitar a persistir neles.

Reconheço que tenho a tendência a (falar o hábito) e que, se não resisto a esse impulso, é porque adquiri o hábito de ceder a ele. Sei que não fui criado culpado, pois Deus é justo, e me deu a capacidade tanto para o bem quanto para o mal. Se escolhi o caminho errado, foi pelo meu livre-arbítrio. No entanto, pela mesma razão que tive a liberdade de fazer o mal, tenho também a liberdade de fazer o bem e mudar meu caminho.

Meus defeitos atuais são imperfeições que trouxe de vidas passadas; são meu "pecado original", dos quais posso me libertar com a força de vontade e a ajuda dos bons Espíritos. Bons Espíritos que me protegem, e especialmente você, meu anjo da guarda, deem-me forças para resistir às más influências e sair vitorioso dessa luta.

TENHA SEMPRE EM MENTE QUE CADA PEQUENO PASSO EM DIREÇÃO À MUDANÇA É UMA VITÓRIA RUMO A UMA VIDA MAIS FELIZ.

PARA PEDIR A FORÇA DE RESISTIR A UMA TENTAÇÃO

Não sobreveio a vocês tentação que não fosse comum aos homens. E Deus é fiel; ele não permitirá que vocês sejam tentados além do que podem suportar. Mas, quando forem tentados, ele mesmo providenciará um escape, para que o possam suportar.

I CORÍNTIOS 10:13

Maus pensamentos podem surgir de duas fontes: a imperfeição da nossa própria alma ou uma influência negativa exercida sobre nós. No segundo caso, isso indica uma fraqueza nossa, que nos torna suscetíveis a essa influência, evidenciando uma alma ainda imperfeita. Portanto, quem comete um erro não pode culpar a influência de um espírito estranho, pois esse espírito só teria poder sobre nós se nos considerasse vulneráveis à sua sedução.

Podemos reconhecer que um pensamento é mau quando ele se afasta da caridade, que é a base da verdadeira moral; quando é movido pelo orgulho, vaidade ou egoísmo; quando sua realização pode prejudicar outra pessoa; ou quando nos leva a fazer aos outros o que não gostaríamos que fizessem a nós. Para situações assim, os Espíritos recomendam a prece a seguir.

PRECE: Deus Todo-Poderoso, ajuda-me a não ceder à tentação que me leva a falhar. Espíritos benfeitores que me protegem, afastem de mim esse mau pensamento e deem-me a força para resistir à influência do mal. Sei que, se eu ceder, será por minha própria escolha e terei que enfrentar as consequências nesta vida e na outra. Ajudem-me a lembrar que sempre tenho a liberdade de escolher o bem.

QUANDO UM PENSAMENTO SE DESVIA DA CARIDADE, RECONHEÇA-O COMO MAU E LUTE CONTRA ELE. LEMBRE-SE, VOCÊ NÃO ESTÁ SOZINHO NESSA CAMINHADA.

EM AGRADECIMENTO PELA VITÓRIA ALCANÇADA SOBRE UMA TENTAÇÃO

Rendei graças ao Senhor, porque ele é bom, porque a sua misericórdia dura para sempre.

SALMOS 136:1

Quem resiste a uma tentação deve essa vitória à assistência dos bons Espíritos, cuja voz ouviu e seguiu. É importante reconhecer e agradecer a Deus e ao seu anjo da guarda por essa orientação e apoio. Essa gratidão fortalece nossa conexão espiritual e nos lembra que não estamos sozinhos nas lutas diárias. Agradecer por essa ajuda também nos inspira a continuar buscando o bem e a ouvir com mais atenção as orientações positivas que recebemos.

PRECE: Meu Deus, agradeço por me permitir sair vitorioso da luta que acabo de travar contra o mal. Que essa vitória me dê a força para resistir a novas tentações no futuro.

E a você, meu anjo guardião, sou imensamente grato pela assistência e apoio que me ofereceu. Que minha submissão aos seus conselhos me garanta sua proteção contínua e me ajude a permanecer no caminho do bem.

RECONHECER E AGRADECER A DEUS E AO NOSSO ANJO DA GUARDA PELA ORIENTAÇÃO E APOIO FORTALECE NOSSA CONEXÃO ESPIRITUAL, LEMBRANDO-NOS DE QUE NUNCA ESTAMOS SOZINHOS NAS LUTAS DIÁRIAS.

PARA PEDIR UM CONSELHO

O caminho do insensato parece-lhe justo, mas o sábio ouve os conselhos.

PROVÉRBIOS 12:15

Quando estamos indecisos sobre fazer ou não fazer algo, podemos nos guiar pelas seguintes perguntas:

1. Aquilo que estou hesitando em fazer pode causar algum prejuízo a outra pessoa?
2. Pode ser benéfico para alguém?
3. Se fizessem isso comigo, eu ficaria satisfeito?

Se a decisão diz respeito apenas a nós mesmos, podemos considerar as vantagens e desvantagens pessoais. Porém, se também afeta outras pessoas, é importante avaliar o equilíbrio entre o bem e o mal que pode resultar da nossa ação.

Mesmo as melhores intenções precisam ser avaliadas quanto à oportunidade e circunstâncias, pois algo bom pode ter maus resultados se não for executado com prudência. Devemos sempre considerar nossas capacidades e recursos antes de tomar uma decisão.

Em todos os casos, podemos solicitar a assistência dos nossos Espíritos protetores e lembrar da sábia advertência: na dúvida, abstenha-se.

PRECE: Em nome de Deus Todo-Poderoso, peço aos bons Espíritos que me protegem que me inspirem a tomar a melhor decisão diante da incerteza que estou enfrentando. Guiem meus pensamentos para o bem e afastem de mim a influência de quem tentar me desviar do caminho certo.

ESPÍRITOS SUPERIORES, NOSSOS GUIAS E ANJOS DA GUARDA, ESTÃO SEMPRE DISPOSTOS A NOS AJUDAR. ELES NOS CONHECEM PROFUNDAMENTE E SABEM QUAIS SÃO AS NOSSAS NECESSIDADES E DESAFIOS. AO BUSCAR SEUS CONSELHOS, RECEBEMOS ORIENTAÇÕES QUE MUITAS VEZES VÃO ALÉM DA NOSSA COMPREENSÃO IMEDIATA, MAS QUE SE REVELAM FUNDAMENTAIS PARA A NOSSA EVOLUÇÃO E BEM-ESTAR.

NAS AFLIÇÕES DA VIDA

Não só isso, mas também nos gloriamos nas tribulações, porque sabemos que a tribulação produz perseverança; a perseverança, um caráter aprovado; e o caráter aprovado, esperança.

ROMANOS 5:3-4

Podemos pedir a Deus favores terrenos, e Ele pode concedê-los quando têm um propósito útil e sério. No entanto, como julgamos a utilidade das coisas a partir de nossa perspectiva limitada e focada no presente, nem sempre vemos os aspectos negativos do que desejamos. Deus, que vê muito melhor do que nós e quer apenas o nosso bem, pode recusar o que pedimos, assim como um pai nega ao filho algo que pode ser prejudicial.

Se não recebemos o que pedimos, não devemos desanimar. Ao contrário, devemos entender que a privação do que desejamos pode ser uma prova ou uma forma de expiação. Nossa recompensa será proporcional à resignação e à paciência com que suportarmos essas situações. Lembre-se sempre de confiar na sabedoria divina, sabendo que tudo acontece para o nosso bem maior.

PRECE: Deus Onipotente, que conhece as nossas dificuldades, peço que escute minha súplica com benevolência neste momento. Se meu pedido não for razoável, peço perdão; mas se for justo e conveniente aos Teus planos, que os bons Espíritos, executores da Tua vontade, venham em meu auxílio para que ele se concretize.

Independentemente do que acontecer, meu Deus, que a Tua vontade seja feita. Se meus desejos não forem atendidos, é porque faz parte dos Teus desígnios me testar, e eu me submeto a isso sem reclamar. Ajude-me a não permitir que o desânimo me afete, e que minha fé e minha resignação permaneçam firmes e inabaláveis. (Formular o pedido.)

CADA AFLIÇÃO TRAZ CONSIGO UMA OPORTUNIDADE DE APRENDIZADO E CRESCIMENTO. A ESPIRITUALIDADE NOS ENCORAJA A OLHAR ALÉM DA DOR IMEDIATA E A BUSCAR AS LIÇÕES QUE CADA DESAFIO OFERECE. PERGUNTE-SE: "O QUE POSSO APRENDER COM ESSA SITUAÇÃO? COMO POSSO ME TORNAR UMA PESSOA MELHOR?"

AGRADECENDO PELAS BENÇÃOS RECEBIDAS

Bendiga o Senhor a minha alma! Não esqueça nenhuma de suas bênçãos!

SALMOS 103:2

Não devemos considerar como sucessos valiosos apenas aqueles de grande importância. Muitas vezes, são as coisas aparentemente insignificantes que mais influenciam nosso destino. O ser humano tende a esquecer o bem e a focar no que o aflige. Se registrássemos diariamente os benefícios que recebemos, sem os pedir, ficaríamos frequentemente espantados com a quantidade de bênçãos que se perderam na nossa memória e nos sentiríamos humildes diante da nossa ingratidão.

Todas as noites, ao elevarmos nossa alma a Deus, devemos lembrar em nosso íntimo os favores que Ele nos concedeu durante o dia e agradecê-los. Sobretudo no momento em que experimentamos os efeitos de Sua bondade e proteção, devemos, de forma espontânea, expressar nossa gratidão.

O impulso espontâneo que nos leva a atribuir a Deus o que de bom nos acontece é um ato de reconhecimento e humildade que nos aproxima dos bons Espíritos e nos ajuda a cultivar uma atitude mais positiva e grata perante a vida.

PRECE: Deus, infinitamente bom, que o Teu nome seja bendito por todas as bênçãos que me concedeste. Seria um erro atribuir esses benefícios ao acaso ou ao meu próprio mérito. Bons Espíritos, que foram os executores das vontades de Deus, agradeço a vocês e, especialmente, a ti, meu Anjo da guarda. Afastem de mim a ideia de me orgulhar do que recebi e ajudem-me a utilizar essas dádivas apenas para o bem.

A VIDA ESTÁ REPLETA DE MOMENTOS E CONQUISTAS QUE MERECEM SER CELEBRADOS. PODE SER A CURA DE UMA ENFERMIDADE, A CONQUISTA DE UM OBJETIVO TÃO ESPERADO, OU MESMO A PAZ E A SERENIDADE ENCONTRADAS APÓS UM PERÍODO DE TURBULÊNCIA. RECONHECER ESSAS BÊNÇÃOS É O PRIMEIRO PASSO PARA UMA VIDA PLENA DE GRATIDÃO.

SUBMISSÃO E RESIGNAÇÃO A DEUS

E aquele que não carrega sua cruz e não me segue não pode ser meu discípulo.

LUCAS 14:27

Quando enfrentamos um motivo de aflição, se procurarmos a causa, muitas vezes reconheceremos que está em uma imprudência ou falta de previsão nossa, ou em um ato anterior. Em qualquer desses casos, devemos apenas a nós mesmos a responsabilidade. Se a causa de um infortúnio é completamente independente de qualquer ação nossa, é uma prova para a nossa existência atual ou uma expiação de uma falta de uma existência anterior. Nesse último caso, pela natureza da expiação, podemos entender a natureza da falta, pois somos sempre punidos naquilo em que pecamos.

Quando algo nos aflige, geralmente vemos apenas o presente e não as consequências favoráveis que nossa aflição pode trazer. Muitas vezes, o bem é a consequência de um mal passageiro, assim como a cura de uma enfermidade resulta dos meios dolorosos usados para combatê-la.

Em todos os casos, devemos submeter-nos à vontade de Deus e suportar com coragem as tribulações da vida, se quisermos que elas sejam levadas em conta e que possamos aplicar a nós mesmos as palavras de Cristo: "Bem-aventurados os que sofrem."

PRECE: A ti, dirigi o meu olhar, ó Eterno, e me senti fortalecido. És a minha força, não me abandones. Ó meu Deus, sinto-me esmagado sob o peso das minhas iniquidades. Ajuda-me. Conheces a fraqueza da minha carne, não desvies de mim o teu olhar!

Ardente sede me devora; faze brotar a fonte da água viva onde eu me sacie. Que a minha boca só se abra para te entoar louvores e não para soltar queixas nas aflições da minha vida. Sou fraco, Senhor, mas o teu amor me sustentará.

Ó Eterno, só tu és grande, só tu és o fim e o objetivo da minha vida!

Bendito seja o teu nome, se me fazes sofrer, porquanto és o Senhor e eu o servo infiel. Curvarei a fronte sem me queixar, porquanto só tu és grande, só tu és a meta.

AO ACEITARMOS QUE TUDO O QUE ACONTECE TEM UM PROPÓSITO MAIOR, COMEÇAMOS A COMPREENDER QUE CADA DESAFIO É UMA OPORTUNIDADE DE APRENDIZADO E CRESCIMENTO. LEMBRE-SE QUE ESTAMOS AQUI PARA EVOLUIR, E QUE CADA EXPERIÊNCIA, SEJA ELA POSITIVA OU NEGATIVA, FAZ PARTE DESSE PROCESSO.

EM AGRADECIMENTO POR UM LIVRAMENTO

O prudente vê o mal, e esconde-se, mas os simples passam, e pagam a pena.

PROVÉRBIOS 22:3

Pelos perigos que enfrentamos, Deus nos mostra que, de um momento para outro, podemos ser chamados a prestar contas de como utilizamos nossa vida. Ele nos avisa que devemos estar atentos e nos corrigir.

PRECE: Meu Deus, meu anjo de guarda, obrigado pelo livramento contra o perigo que enfrentei. Que me sirva de aviso, e me esclareça sobre as faltas que me colocaram sob essa ameaça. Compreendo, Senhor, que minha vida está em Tuas mãos e que Tu podes tirá-la quando quiseres.

Inspira-me, através dos bons Espíritos que me assistem, a usar de forma útil o tempo que ainda me concedes neste mundo. Meu Anjo Guardião, fortalece minha resolução de reparar meus erros e de fazer todo o bem que estiver ao meu alcance, para que eu chegue menos carregado de imperfeições ao mundo dos Espíritos, quando Deus determinar meu retorno para lá.

CADA EXPERIÊNCIA QUE VIVEMOS, MESMO AS MAIS DESAFIADORAS, CARREGA UM APRENDIZADO VALIOSO. AO ENFRENTARMOS SITUAÇÕES PERIGOSAS, PODEMOS SENTIR A PRESENÇA DE NOSSOS GUIAS ESPIRITUAIS, QUE NOS AMPARAM E NOS CONDUZEM POR CAMINHOS DE LUZ.

À HORA DE DORMIR

Venham a mim, todos os que estão cansados e sobrecarregados, e eu darei descanso a vocês.

MATEUS 11:28

O sono tem como objetivo dar descanso ao corpo, mas o Espírito não precisa de descanso. Enquanto os sentidos físicos estão adormecidos, a alma se desprende parcialmente do corpo e aproveita as capacidades do Espírito. O sono foi dado ao homem tanto para recuperar as forças físicas quanto para renovar as forças morais.

Enquanto o corpo recupera os elementos perdidos devido à atividade diária, o Espírito se revigora entre outros Espíritos. Ele absorve, através do que vê, ouve os conselhos recebidos, que, ao acordar, aparecem como intuições. É como um exilado que retorna temporariamente à sua verdadeira pátria. É como um prisioneiro que é temporariamente devolvido à liberdade.

No entanto, assim como acontece com um prisioneiro perverso, nem sempre o Espírito aproveita essa hora de liberdade para seu crescimento.

Se mantém instintos ruins, em vez de buscar a companhia de Espíritos bons, procura a de seus semelhantes e vai a lugares onde pode dar vazão aos seus desejos.

Portanto, aquele que está ciente dessa verdade deve elevar seu pensamento a Deus ao sentir o sono se aproximar e pedir o conselho dos bons Espíritos e de todos cuja memória lhe é querida. Dessa forma, eles se juntarão a ele nos breves momentos de liberdade que lhe são concedidos, e, ao acordar, ele se sentirá mais forte contra o mal e mais corajoso diante da adversidade.

PRECE: Minha alma estará, por alguns instantes, em contato com outros Espíritos. Que os bons Espíritos venham me ajudar com seus conselhos. Meu anjo da guarda, faça com que, ao despertar, eu mantenha uma impressão duradoura e positiva desse encontro.

UMA PRÁTICA PODEROSA QUE PODEMOS ADOTAR ANTES DE DORMIR É A ORAÇÃO. DEDIQUE ALGUNS MOMENTOS PARA SE CONECTAR COM SEUS GUIAS ESPIRITUAIS, PEDINDO PROTEÇÃO, PAZ E APRENDIZADO DURANTE A NOITE. A ORAÇÃO NÃO APENAS ACALMA A MENTE, MAS TAMBÉM FORTALECE NOSSA CONEXÃO COM O PLANO ESPIRITUAL.

PREVENDO O FIM DA VIDA TERRENA

Disse-lhe Jesus: "Eu sou a ressurreição e a vida. Aquele que crê em mim, ainda que morra, viverá; e quem vive e crê em mim, não morrerá eternamente. Você crê nisso?"

JOÃO 11:25-26

Ter fé no futuro e orientar nosso pensamento para os destinos que nos aguardam ajuda a facilitar e acelerar o desprendimento do Espírito. Isso enfraquece os laços que nos prendem ao corpo, a ponto de, muitas vezes, mesmo quando a vida física ainda não terminou completamente, a alma já está ansiosa para se libertar e se lançar para a imensidade.

Por outro lado, para aqueles que se concentram apenas nas coisas materiais e dedicam toda a sua atenção a elas, esses laços são mais fortes. A separação é mais dolorosa e penosa, e o despertar no além-túmulo é repleto de perturbação e ansiedade.

PRECE: Meu Deus, eu creio em Ti e na Tua bondade infinita. Por isso, não consigo acreditar que me deste inteligência para Te conhecer e uma aspiração pelo futuro, apenas para me deixar no vazio. Acredito que meu corpo é apenas um envoltório passageiro da minha alma e que, quando minha vida terminar, despertarei no mundo dos Espíritos.

Deus Todo-Poderoso, sinto os laços que prendem minha alma ao corpo se rompendo, e sei que em breve prestarei contas do uso que fiz da minha vida. Vou enfrentar as consequências do bem e do mal que pratiquei. Lá, não haverá ilusões ou desculpas; meu passado será revelado, e serei julgado por minhas ações.

Nada dos bens materiais da Terra, como honras, riquezas e vaidades, me acompanhará. Tudo isso ficará aqui. O que levarei comigo serão as qualidades da alma, tanto boas quanto más, que serão avaliadas com justiça. Quanto mais oportunidades tive para fazer o bem e não o fiz, mais severo será meu julgamento.

Deus de misericórdia, que meu arrependimento chegue a Ti! Conceda-me o manto da Tua indulgência. Se for da Tua vontade prolongar minha vida, que eu use esse tempo para reparar o mal que causei. Se meu tempo chegou, que eu leve comigo a esperança de redimir-me através de novas provas e, um dia, alcançar a felicidade dos justos.

Se eu não puder desfrutar imediatamente dessa felicidade, sei que a esperança não me abandonará. Pelo trabalho e esforço, alcançarei o fim, mais cedo ou mais tarde. Sei que Espíritos bons e meu anjo da guarda estão próximos para me receber, e, se merecer, encontrarei novamente aqueles a quem amei na Terra. Enquanto isso, poderei visitá-los.

Sei também que encontrarei aqueles que ofendi. Que eles possam me perdoar pelas minhas falhas, como orgulho e dureza, para que sua presença não me envergonhe. Perdoo aqueles que me fizeram mal e peço a Ti, meu Deus, que os perdoes também.

Senhor, dá-me forças para deixar para trás os prazeres materiais deste mundo, que são insignificantes comparados às alegrias puras do mundo em que vou entrar, onde não há tormentos para os justos, apenas esperança.

A vós, bons Espíritos, e a ti, meu anjo da guarda, peço que não me deixem fraquejar neste momento decisivo. Que a luz divina ilumine meus olhos e reanime minha fé, se ela vier a se abalar.

VALORIZE SUA VIDA E BUSQUE SEMPRE O CRESCIMENTO ESPIRITUAL. A MORTE É APENAS UMA NOVA ETAPA, E A LUZ QUE NOS GUIA NUNCA SE APAGA. VIVA INTENSAMENTE, AME PROFUNDAMENTE E PREPARE-SE PARA ESSA NOVA JORNADA COM A CERTEZA DE QUE A VIDA CONTINUA EM OUTROS PLANOS.

POR ALGUÉM QUE ESTEJA EM AFLIÇÃO

Meus irmãos, considerem motivo de grande alegria o fato de passarem por diversas provações, pois vocês sabem que a prova da sua fé produz perseverança.

TIAGO 1:2-3

Se você está ou conhece alguém que esteja passando por um momento de aflição, saiba que, às vezes, a prova pela qual estamos passando não será abreviada, mesmo que peçamos com fervor. No entanto, é importante lembrar que desanimar por não ter sido atendido é um ato de impiedade para consigo mesmo. Mesmo que a situação difícil não cesse, podemos encontrar outras formas de consolo que aliviem o sofrimento.

O que é mais necessário nesses momentos é a resignação e a coragem. Com essas qualidades, é possível enfrentar os desafios de maneira que traga crescimento pessoal, evitando a necessidade de recomeçar a lição. Devemos direcionar nossos esforços para ajudar os outros a alcançar essa resignação e coragem, seja pedindo a ajuda dos bons Espíritos, seja oferecendo conselhos e encorajamentos, ou até mesmo assistindo materialmente, se possível.

A oração, em situações como essa, pode ter um efeito poderoso. Ela direciona uma corrente de energia positiva para a pessoa em questão, fortalecendo seu moral e oferecendo um suporte essencial para atravessar a prova com mais serenidade. Lembre-se de que você não está sozinho e que, com fé e perseverança, encontrará a força necessária para superar qualquer desafio.

PRECE: Deus de infinita bondade, peço que suavizes o amargor da situação em que se encontra [nome da pessoa], se assim for a Tua vontade.

Bons Espíritos, em nome de Deus Todo-Poderoso, suplico que o alivie nas suas aflições. Se, em seu benefício, essas provações não puderem ser evitadas, ajudem-no(a) a compreender que são necessárias para o seu progresso. Que ele(a) tenha confiança em Deus e no futuro, para que suas dificuldades se tornem mais leves. Concedam-lhe forças para não sucumbir ao desespero, pois isso faria com que perdesse o fruto de seus sofrimentos e tornaria ainda mais difícil sua situação no futuro. Dirijam meu pensamento até ele(a), para ajudá-lo(a) a manter-se corajoso.

CADA DESAFIO É UMA OPORTUNIDADE DE APRENDIZADO E EVOLUÇÃO, E COM A AJUDA DIVINA E O APOIO DOS BONS ESPÍRITOS, É POSSÍVEL ENCONTRAR A FORÇA NECESSÁRIA PARA SUPERAR QUALQUER OBSTÁCULO.

EM AGRADECIMENTO PELAS BENÇÃOS CONCEDIDAS AO PRÓXIMO

Sempre dou graças a meu Deus por vocês, por causa da graça que dele receberam em Cristo Jesus.

II TIMÓTEO 1:3

Aqueles que não são dominados pelo egoísmo sentem uma verdadeira alegria com o bem que acontece ao próximo, mesmo que esse bem não tenha sido solicitado por meio da prece.

Essa atitude demonstra uma alma elevada e um coração generoso, que se alegra com a felicidade alheia sem esperar nada em troca. É um sinal de verdadeira empatia e compaixão, qualidades que enriquecem nossa vida e nos aproximam dos outros de maneira sincera e profunda.

Praticar o desprendimento e celebrar o sucesso dos outros é um caminho seguro para o crescimento pessoal e espiritual. Ao cultivar esse sentimento, você estará contribuindo para um mundo mais harmonioso e justo, onde a felicidade é compartilhada e multiplicada.

PRECE: Meu Deus, bendito seja pela felicidade que adveio a [Nome da pessoa]. Que essa alegria seja um reflexo da Tua infinita bondade.

Bons Espíritos, ajudem [Nome da pessoa] a reconhecer nesse bem um presente divino. Se essa felicidade é uma prova, inspirem-no(a) a usá-la sabiamente e a não se envaidecer, para que no futuro esse bem não se transforme em prejuízo.

A ti, bom gênio que me proteges e desejas a minha felicidade, peço que afastes do meu coração todo sentimento de inveja ou ciúme. Que eu possa, em vez disso, me alegrar sinceramente com a felicidade dos outros, compreendendo que a alegria deles também contribui para um mundo mais harmonioso e feliz.

CULTIVE SENTIMENTOS POSITIVOS E ACREDITE NA FORÇA DA GRATIDÃO E DA BONDADE, POIS ELAS TÊM O PODER DE TRANSFORMAR NOSSAS VIDAS E NOS APROXIMAR DA VERDADEIRA FELICIDADE.

PELOS NOSSOS INIMIGOS E PELOS QUE NOS QUEREM MAL

Vocês ouviram o que foi dito: 'Ame o seu próximo e odeie o seu inimigo'. Mas eu digo: Amem os seus inimigos e orem por aqueles que os perseguem, para que vocês venham a ser filhos de seu Pai que está nos céus. Porque ele faz raiar o seu sol sobre maus e bons e derrama chuva sobre justos e injustos.

MATEUS 5:43-44

Jesus disse: "Amai os vossos inimigos." Esta máxima representa o auge da caridade cristã. No entanto, ao enunciá-la, Jesus não quis dizer que devemos ter pelos nossos inimigos o mesmo carinho que reservamos aos amigos.

Ele nos ensinou a esquecer as ofensas, a perdoar o mal que nos fazem e a retribuir com o bem. Agindo assim, além de merecermos a aprovação de Deus, demonstramos aos outros a verdadeira superioridade.

PRECE: Meu Deus, perdoo a [Nome da pessoa] pelo mal que me fez e pelo que quis me fazer, assim como desejo ser perdoado, e que ele(a) também me perdoe pelas faltas que cometi. Se o(a) colocaste no meu caminho como uma prova para mim, que seja feita a Tua vontade.

Livra-me, ó meu Deus, da ideia de maldizer e de qualquer desejo malévolo contra ele(a). Faze com que eu jamais me alegre com as desgraças que lhe aconteçam, nem me entristeça com os bens que ele(a) possa receber, para que minha alma não se macule com pensamentos indignos de um cristão.

Senhor, que Tua bondade se estenda sobre ele(a) e o(a) inspire a ter melhores sentimentos para comigo. Bons Espíritos, inspirai-me a esquecer o mal e lembrar do bem. Que nem o ódio, nem o rancor, nem o desejo de retribuir o mal com o mal entrem no meu coração, pois o ódio e a vingança pertencem aos Espíritos maus, encarnados e desencarnados.

Que eu esteja sempre pronto a estender-lhe a mão fraterna, a pagar o mal com o bem e a auxiliá-lo(a), se estiver ao meu alcance. Desejo, para provar a sinceridade do que digo, que me seja dada a oportunidade de ser útil a ele(a). Mas, acima de tudo, ó meu Deus, preserva-me de agir por orgulho ou ostentação, humilhando-o(a) com uma generosidade que o(a) faça se sentir inferior, o que me faria perder o fruto da minha ação. Nesse caso, eu mereceria ouvir as palavras do Cristo: "Já recebeste a tua recompensa."

QUANDO PRATICAMOS O PERDÃO E A BONDADE, NÃO SIGNIFICA QUE ACEITAMOS COMPORTAMENTOS NEGATIVOS, MAS SIM QUE OPTAMOS POR NÃO PERMITIR QUE ESSES COMPORTAMENTOS NOS AFETEM NEGATIVAMENTE.

EM AGRADECIMENTO PELAS BENÇÃOS CONCEDIDAS AOS NOSSOS INIMIGOS

Deem graças em todas as circunstâncias, pois esta é a vontade de Deus para vocês em Cristo Jesus.

I TESSALONICENCES 5:18

Não desejar mal aos seus inimigos é apenas metade do caminho da verdadeira caridade. A verdadeira caridade vai além: ela nos convida a almejar o bem para aqueles que nos desafiam e a nos sentirmos genuinamente felizes com as bênçãos que eles recebem.

A verdadeira caridade nos ensina que, ao desejarmos o bem para todos, incluindo aqueles que nos desafiam, estamos também atraindo o bem para as nossas próprias vidas.

PRECE: Meu Deus, em Tua justiça, encheste de júbilo o coração de [Nome da pessoa]. Agradeço-Te por ele(a), apesar do mal que me fez ou tentou fazer. Se ele(a) usasse esse bem para me humilhar, eu aceitaria isso como uma prova para minha caridade.

Bons Espíritos que me protegem, não permitam que eu me sinta pesaroso por isso. Livrem-me da inveja e do ciúme que nos diminuem. Inspirem-me, ao contrário, a generosidade que nos eleva. A humilhação reside no mal, e não no bem; e sabemos que, cedo ou tarde, a justiça será feita a cada um, segundo suas obras.

O VERDADEIRO CRESCIMENTO ESPIRITUAL VEM DA CAPACIDADE DE PERDOAR E DESEJAR O BEM AO PRÓXIMO, INDEPENDENTEMENTE DAS CIRCUNSTÂNCIAS. ASSIM, VOCÊ ESTARÁ PROMOVENDO A PAZ E A HARMONIA TANTO EM SUA VIDA QUANTO AO SEU REDOR.

POR UMA CRIANÇA QUE ACABA DE NASCER

Digo a verdade: "Quem não receber o Reino de Deus como uma criança, nunca entrará nele". Em seguida, tomou as crianças nos braços, impôs-lhes as mãos e as abençoou.

MARCOS 10:15-16.

Somente depois de passarem pelas provas da vida corpórea, os Espíritos alcançam a perfeição. Aqueles que se encontram na erraticidade aguardam a permissão de Deus para voltar a uma existência que lhes proporcione meios de progredir, seja expiando suas faltas passadas através das vicissitudes a que fiquem sujeitos, seja desempenhando uma missão proveitosa para a Humanidade.

O adiantamento e a felicidade futura de cada Espírito serão proporcionais à maneira como empregam o tempo na Terra. O encargo de guiar seus primeiros passos e de os encaminhar para o bem cabe aos pais, que responderão perante Deus pelo desempenho dessa missão. Para facilitar esse processo, Deus fez do amor paterno e do amor filial uma lei da Natureza, uma lei que jamais se transgride impunemente.

PRECE 1: Meu Deus, confiaste-me a responsabilidade de cuidar de um dos Teus Espíritos; ajude-me a ser digno desse encargo. Concede-me a Tua proteção e ilumine minha mente, para que eu possa perceber desde cedo as tendências deste filho, a quem devo preparar para alcançar a Tua paz.

Que eu possa agir com sabedoria e amor, guiando e apoiando com um coração aberto e atento. Ao desempenhar essa missão com dedicação e empatia, estarei ajudando a construir um caminho mais harmonioso e gratificante para aquele a quem cuido.

PRECE 2: Deus de bondade, agradeço-Te por permitires que o Espírito desta criança volte à Terra para enfrentar as provas necessárias ao seu progresso. Concede-lhe a luz necessária para que possa Te conhecer, Te amar e Te adorar com profundidade.

Que esta alma se regenere e se fortaleça com a Tua sábia orientação. Sob a proteção de seu anjo guardião, que sua inteligência se desenvolva e se expanda, levando-a a se aproximar cada vez mais de Ti. Que os Espíritos bondosos mostrem a luz brilhante a iluminar o caminho através dos desafios de sua vida. E, finalmente, que ela saiba apreciar toda a extensão do Teu amor, que nos coloca em prova para nossa purificação.

Senhor, abençoa a família que recebeu esta alma, para que compreenda a importância de sua missão e cultive as boas sementes na vida da criança. Que, um dia, ela possa se elevar por suas próprias aspirações e se aproximar de Ti.

Atende, ó meu Deus, a esta humilde prece, em nome e pelos merecimentos d'Aquele que disse: "Deixai vir a mim as criancinhas, porque o reino dos céus é para aqueles que se assemelham a elas."

CADA PEQUENO SER É UM LEMBRETE DE QUE A VIDA É UMA JORNADA DE EVOLUÇÃO E AMOR, OFERECENDO-NOS A OPORTUNIDADE DE APRENDER, AMAR E CRESCER AO SEU LADO.

POR UM AGONIZANTE

"Pai, se queres, afasta de mim este cálice; contudo, não seja feita a minha vontade, mas a tua". Apareceu-lhe então um anjo do céu que o fortalecia. Estando angustiado, ele orou ainda mais intensamente; e o seu suor era como gotas de sangue que caíam no chão.

LUCAS 22:42-44.

A agonia é o prelúdio da separação entre a alma e o corpo. Para aqueles que se apegam fortemente à matéria e viveram mais para os bens materiais do que para os espirituais, essa transição pode ser difícil e dolorosa, especialmente se sua consciência estiver inquieta com pesar e remorsos.

No entanto, para aqueles cujos pensamentos buscaram o Infinito e se desprenderam das amarras da matéria, a separação é mais suave. Os laços que os prendem à Terra são mais tênues, e seus últimos momentos são menos dolorosos. A prece desempenha um papel crucial nesse processo, oferecendo conforto e assistência espiritual.

PRECE: Deus onipotente e misericordioso, aqui está uma alma prestes a deixar seu corpo e retornar ao mundo dos Espíritos, sua verdadeira pátria. Conceda-lhe uma passagem serena e envolva-a com Sua infinita misericórdia.

Bons Espíritos que a acompanharam na Terra, continuem ao seu lado neste momento crucial. Oferecei-lhe força para enfrentar os últimos desafios deste mundo com coragem e serenidade, preparando-se para um futuro de progresso. Inspire-a a refletir sobre suas ações e a encontrar arrependimento e paz nos últimos momentos de clareza.

Dirija meu pensamento para que eu possa ajudar a tornar essa transição mais suave, proporcionando a ela as consolações da esperança e da paz enquanto deixa a Terra.

LEMBRE-SE DE QUE, EM QUALQUER JORNADA, A PRECE É UMA PODEROSA FONTE DE PAZ E CONFORTO. ELA NÃO SÓ ACALMA A ALMA, MAS TAMBÉM FORTALECE O ESPÍRITO PARA A NOVA FASE QUE ESTÁ POR VIR. CONFIE NA FORÇA DA ORAÇÃO E NA ESPIRITUALIDADE PARA TE ILUMINAR E APOIAR DURANTE AS TRANSIÇÕES DA VIDA.

PELOS DOENTES

O Senhor o susterá em seu leito de enfermidade, e da doença o restaurará.

SALMOS 41:3

Lembre-se de que as doenças são parte das provas e desafios da vida terrena, refletindo a natureza material e as imperfeições do mundo em que vivemos. As paixões e excessos podem gerar desequilíbrios, muitas vezes herdados, mas em mundos mais evoluídos, tanto física quanto moralmente, o organismo é mais puro e menos suscetível a essas enfermidades.

Enquanto estamos aqui, é essencial aceitarmos as consequências do nosso ambiente e trabalharmos para melhorar nossas condições. Se, apesar dos nossos esforços, não alcançarmos a cura desejada, o Espiritismo nos ensina a suportar com resignação esses males passageiros.

Deus, em Sua infinita sabedoria, nos deu meios para aliviar e curar nossos sofrimentos. É nosso dever buscar e utilizar esses recursos. Além das terapias convencionais oferecidas pela ciência, o Espiritismo revela a força da prece.

Enfrentemos nossas provas com fé e esperança, sabendo que cada desafio é uma oportunidade de crescimento e elevação espiritual.

PRECE 1: (Para ser dita pelo doente) Senhor, eu reconheço Tua justiça infinita e sei que a enfermidade que me enviaste tem um propósito, pois nunca impões sofrimento sem razão. Confio na Tua infinita misericórdia para minha cura. Se for da Tua vontade restaurar minha saúde, bendito seja o Teu santo nome. Se devo continuar a enfrentar este desafio, bendito seja igualmente.

Aceito, sem queixas, os Teus sábios desígnios, pois tudo o que fazes visa o bem das Tuas criaturas. Que esta enfermidade seja um alerta para mim, levando-me a refletir sobre minha conduta. Aceito-a como uma oportunidade de expiação do passado e como uma prova para fortalecer minha fé e minha submissão à Tua santa vontade.

PRECE 2: (Para ser dito em intenção do doente) Meu Deus, embora Teus desígnios sejam impenetráveis, confio em Tua sabedoria ao permitir que [nome da pessoa] enfrente esta enfermidade. Peço-Te, com compaixão, que alivies seus sofrimentos e, se for da Tua vontade, ponha fim a eles.

Bons Espíritos, ministros do Onipotente, peço que apoiem meu desejo de aliviá-lo(a). Que meu pensamento vá até ele(a), trazendo um bálsamo de cura para seu corpo e consolo para sua alma.

Inspirem-lhe paciência e submissão à vontade de Deus; deem-lhe força para suportar suas dores com resignação cristã, para que ele(a) possa colher os frutos desta prova.

NÃO TOME AS ENFERMIDADES APENAS COMO PROVAÇÕES, MAS TAMBÉM COMO OPORTUNIDADES DE EVOLUÇÃO ESPIRITUAL. PERMITA QUE A FÉ E A PRECE SEJAM SEU ALICERCE, TRAZENDO ALÍVIO E FORÇA EM CADA ETAPA DA SUA JORNADA

PELOS OBSIDIADOS

Fortaleçam as mãos cansadas, firmem os joelhos vacilantes; digam aos desanimados de coração: "Sejam fortes, não temam!"

ISAÍAS 35:3

A obsessão é a ação persistente de um Espírito mau sobre uma pessoa, e varia desde uma influência moral sutil até uma perturbação completa do corpo e da mente. Esse fenômeno, comum devido à inferioridade moral da Terra, é uma das muitas provas que enfrentamos. Assim como as doenças resultam de imperfeições físicas, a obsessão resulta de imperfeições morais. Para superar a obsessão, é necessário fortalecer a alma, trabalhando na própria melhoria.

Lembre-se de que, em casos graves, o auxílio de terceiros pode ser indispensável, mas a força moral e a prece são ferramentas poderosas. A obsessão muitas vezes é uma vingança de um Espírito por relacionamentos passados, e é necessário eliminar o fluido pernicioso que envolve o obsidiado com um fluido melhor e superioridade moral. Convencer o Espírito obsessivo a mudar seus desígnios é essencial para a libertação completa.

Quando o obsidiado compreende sua situação e colabora com vontade e prece, a tarefa se torna mais fácil. A prece, em todos os casos de obsessão, é o mais poderoso auxiliar para combater a influência do Espírito obsessor e promover a cura espiritual.

PRECE 1: (Para ser dita pelo obsidiado) Meu Deus, peço que os bons Espíritos me ajudem a me libertar das influências negativas que me afetam. Se isso é uma consequência de erros passados, que meu arrependimento me conceda a tua misericórdia e a liberdade. Independentemente do motivo, rogo pela tua compaixão para com aquele que me persegue, e que ele encontre o caminho do progresso e da transformação.

Reconheço que minhas próprias imperfeições atraem essas influências. Ajuda-me a ver e corrigir meus defeitos, especialmente o orgulho que me impede de enxergar minhas falhas. Que esta experiência fortaleça meu compromisso com o bem, a caridade e a humildade, criando uma proteção contra influências negativas futuras.

Dá-me a força para enfrentar esta prova com paciência e resignação, sabendo que, como todas as dificuldades, ela contribui para meu crescimento. Que eu possa demonstrar submissão e caridade, perdoando e oferecendo o bem a quem me causou mal, transformando assim esta experiência em um passo para meu adiantamento espiritual.

PRECE 2: (Para ser dita em intenção do obsidiado) Querido Deus, peço-te que me concedas a força para ajudar [nome da pessoa] a se libertar da influência do Espírito que o aflige. Se é da tua vontade que essa prova termine, dá-me a sabedoria e a autoridade para lidar com essa situação.

Bons Espíritos e anjo guardião, vos peço que me acompanhem nessa jornada, me ajudando a afastar o fluido negativo que envolve [nome da pessoa] e a trazer-lhe alívio e paz. Com fé e coragem, clamo por tua ajuda para afastar a influência perturbadora e restaurar o equilíbrio e a serenidade.

LEMBRE-SE DE QUE A LIBERDADE É UM PROCESSO CONTÍNUO. A OBSESSÃO PODE NÃO SE DISSIPAR DA NOITE PARA O DIA, MAS COM DEDICAÇÃO E PRÁTICA CONSTANTE, VOCÊ PODE CONSTRUIR UMA VIDA MAIS LEVE E PLENA. CULTIVAR PENSAMENTOS POSITIVOS, PRATICAR A GRATIDÃO E SE CONECTAR COM O DIVINO SÃO FORMAS DE FORTALECER SUA PROTEÇÃO ESPIRITUAL.

POR ALGUÉM QUE ACABA DE MORRER

Disse-lhe Jesus: "Eu sou a ressurreição e a vida. Aquele que crê em mim, ainda que morra, viverá; e quem vive e crê em mim, não morrerá eternamente.

JOÃO 11:25-26.

Quando fazemos preces pelos Espíritos que acabaram de deixar a Terra, não estamos apenas expressando nossa simpatia, mas também auxiliando no processo de sua transição. Essas orações ajudam a suavizar o desprendimento e a reduzir a perturbação que pode seguir a separação, proporcionando um despertar mais sereno.

Lembre-se, no entanto, que a verdadeira eficácia da prece vem da sinceridade do coração, e não da quantidade ou da forma das palavras. Assim como vozes amigas nos despertam suavemente de um sono, as preces genuínas oferecem conforto e clareza aos Espíritos em transição, guiando-os com amor e compaixão.

PRECE: Senhor Onipotente, que a tua misericórdia envolva os nossos irmãos que acabam de deixar a Terra! Que a tua luz brilhe intensamente para eles, iluminando seu caminho. Que sejam guiados para fora das trevas, abrindo seus olhos e ouvidos à verdade e à paz.

Que os bons Espíritos os cerquem, oferecendo palavras de esperança e consolo. Mesmo sentindo-nos indignos, imploramos pela tua indulgência para este irmão que acaba de retornar ao verdadeiro lar. Que o seu retorno seja como o do filho pródigo, acolhido com amor e perdão. Esquece, ó meu Deus, as suas falhas, e lembra apenas do bem que ele praticou.

Sabemos que tua justiça é imutável, mas também que teu amor é infinito. Pedimos que ampares este Espírito com tua bondade infinita. Brilhe a luz para ti, irmão que deixas a Terra! Que os bons Espíritos te guiem e ajudem a romper os laços terrenos, e que compreendas a grandeza do nosso Senhor, submetendo-te à sua justiça sem perder a esperança em sua misericórdia.

Que um sincero olhar sobre o teu passado te abra as portas para um futuro promissor, mostrando-te as falhas a corrigir e o trabalho necessário para repará-las. Que Deus te perdoe e que os bons Espíritos te sustentem e encorajem. Aqui na Terra, teus irmãos oram por ti e pedem que também ores por eles.

A MORTE, SOB A LUZ DO ESPIRITISMO, NÃO É UM ADEUS, MAS UM ATÉ LOGO. É UMA TRANSIÇÃO PARA UM NOVO CAPÍTULO, ONDE O AMOR, A EVOLUÇÃO E A ESPIRITUALIDADE CONTINUAM A FLORESCER. PERMITA-SE SENTIR, APRENDER E CRESCER COM ESSA EXPERIÊNCIA, SABENDO QUE, NO FINAL, ESTAREMOS TODOS REUNIDOS EM UM PLANO DE PAZ E HARMONIA.

PELAS PESSOAS A QUEM TIVEMOS AFEIÇÃO

As minhas ovelhas ouvem a minha voz; eu as conheço, e elas me seguem. Eu lhes dou a vida eterna, e elas jamais perecerão; ninguém as poderá arrancar da minha mão.

JOÃO 3:16

Que poderosa é a luz da esperança e da continuidade! Como é reconfortante saber que a vida não se encerra com a morte, mas que é apenas uma etapa de uma jornada eterna. Para aqueles que acreditam que tudo termina com o corpo, o Espiritismo oferece uma visão mais ampla e consoladora, dissipando as trevas da incerteza.

Os que pensam que a inteligência brilhante, que iluminou o mundo, se extingue como um sopro e que dos nossos entes queridos não resta nada além de pó, ainda não conheceram as profundas e santas afeições que transcendem a matéria. Como pode alguém de coração aceitar a ideia do Nada, sem que isso lhe cause um profundo terror?

O Espiritismo surge como uma luz que dissipa toda dúvida, trazendo provas materiais da sobrevivência da alma e da existência dos seres além-túmulo.

Essas evidências são recebidas com alegria, pois nos asseguram que a vida terrena é apenas uma breve passagem para uma existência melhor. Assim, nossos esforços e afeições mais puras não são em vão, e podemos confiar que elas perduram além da morte.

PRECE: Querido Deus, receba com bondade a prece que elevo pelo Espírito de [nome da pessoa]. Que ele possa vislumbrar as divinas claridades e encontrar facilidade no caminho para a felicidade eterna. Permita que os bons Espíritos lhe transmitam minhas palavras e pensamentos.

[Nome da pessoa] que foste tão querido(a) neste mundo, escuta minha voz, que te chama com renovada afeição. Deus permitiu que te libertasses antes de mim, e eu aceito isso sem egoísmo, pois não desejaria ver-te sujeito às dores e sofrimentos da vida. Aguardo, resignado, o momento de nos reunirmos novamente no mundo mais venturoso para o qual me precedeste.

Nossa separação é apenas temporária e, por mais longa que possa parecer, é insignificante diante da eterna felicidade que Deus promete aos seus escolhidos. Que Sua bondade me guie para que eu não faça nada que retarde esse esperado reencontro e me livre da dor de não te encontrar quando eu também deixar este mundo.

Que conforto é saber que há apenas um véu material que nos separa! Que podes estar ao meu lado, vendo e ouvindo-me, talvez até melhor do que antes. Sei que não me esqueces, assim como eu não te esqueço. Nossos pensamentos se entrelaçam constantemente, e sinto que teu espírito me acompanha e ampara sempre.

Que a paz do Senhor esteja contigo.

OS LAÇOS DE AMOR E AFETO QUE CULTIVAMOS DURANTE A VIDA NÃO SE ROMPEM COM A MORTE FÍSICA. NOSSOS ENTES QUERIDOS CONTINUAM A EXISTIR EM UM PLANO ESPIRITUAL, E PODEMOS MANTER UMA CONEXÃO COM ELES ATRAVÉS DOS NOSSOS PENSAMENTOS, PRECES E SENTIMENTOS.

PELAS ALMAS SOFREDORAS QUE PEDEM PRECES

O fruto da retidão é árvore de vida, e aquele que conquista almas é sábio.

PROVÉRBIOS 11:30

Para compreender o alívio que a prece pode proporcionar aos Espíritos sofredores, é essencial saber como ela atua. Ao entender essa ação, você ora com mais fervor, seguro de que sua oração nunca será em vão. A prece, quando feita com coração e fé, torna-se uma poderosa fonte de consolo e força, não apenas para quem ora, mas também para aqueles que recebem suas intenções.

PRECE: Deus clemente e misericordioso, que a tua bondade envolva todos os Espíritos que recomendamos em nossas preces, especialmente a alma de [nome da pessoa]. Bons Espíritos, cuja missão é fazer o bem, intercedei conosco pelo alívio deles. Que um raio de esperança ilumine seus corações e a luz divina revele as imperfeições que os mantêm distantes da felicidade plena. Abri-lhes o coração ao arrependimento e ao desejo de se purificarem, para que possam progredir mais rapidamente. Fazei-lhes compreender que, com seus esforços, podem encurtar a duração de suas provas. Que Deus, em sua bondade, lhes conceda a força para perseverar nas boas resoluções! Que essas palavras, cheias de benevolência, aliviem suas penas e mostrem que há na Terra quem se compadece deles e deseja sua felicidade.

LEMBRE-SE: SOMOS TODOS INTERLIGADOS E QUE, AO ESPALHARMOS O BEM, ESTAMOS CONTRIBUINDO PARA A NOSSA PRÓPRIA EVOLUÇÃO ESPIRITUAL.

POR UM INIMIGO QUE MORREU

Então Pedro aproximou-se de Jesus e perguntou: "Senhor, quantas vezes deverei perdoar a meu irmão quando ele pecar contra mim? Até sete vezes?" Jesus respondeu: "Eu digo a você: Não até sete, mas até setenta vezes sete."

MATEUS 18:21-22

A caridade para com nossos inimigos deve acompanhá-los ao além-túmulo. O mal que nos fizeram foi uma prova, uma oportunidade de crescimento que, se bem aproveitada, contribuiu para a nossa evolução. Muitas vezes, essas provações foram mais valiosas do que as aflições puramente materiais, pois nos permitiram exercitar a coragem, a resignação, a caridade e o perdão.

PRECE: Senhor, em tua sabedoria, chamaste a alma de N... antes de mim. Eu perdoo o mal que ele(a) me fez e as más intenções que teve em relação a mim. Que ele(a) encontre arrependimento agora que já não está preso(a) às ilusões deste mundo. Que a tua misericórdia, meu Deus, o(a) envolva e me ajude a afastar qualquer alegria com sua morte. Se eu cometi faltas contra ele(a), que ele(a) também me perdoe, assim como eu esqueço as que ele(a) cometeu contra mim.

TODOS OS SERES HUMANOS SÃO ESPÍRITOS EM EVOLUÇÃO. AS DESAVENÇAS E CONFLITOS QUE ENFRENTAMOS NA VIDA SÃO OPORTUNIDADES PARA APRENDIZADO E APRIMORAMENTO MORAL. QUANDO UM DESAFETO PARTE, TEMOS A CHANCE DE REFLETIR SOBRE O PROPÓSITO DESSES CONFLITOS E TRABALHAR PARA LIBERAR RESSENTIMENTOS E MÁGOAS QUE POSSAM AINDA ESTAR PRESENTES EM NOSSOS CORAÇÕES.

POR UM SUICIDA

Os justos clamam, o Senhor os ouve e os livra de todas as suas tribulações. O Senhor está perto dos que têm o coração quebrantado e salva os de espírito abatido. O justo passa por muitas adversidades, mas o Senhor o livra de todas; protege todos os seus ossos; nenhum deles será quebrado.

SALMOS 34:14-20

Nunca o homem tem o direito de dispor de sua vida, pois só a Deus cabe decidir quando é o momento certo de deixar a Terra. A justiça divina pode aliviar os rigores, conforme as circunstâncias, mas é mais severa com quem tenta fugir das provas da vida. O suicida, como um prisioneiro que foge antes de cumprir sua pena, enfrenta consequências mais duras quando capturado. Da mesma forma, quem busca escapar das dificuldades presentes encontra desafios ainda maiores no futuro.

PRECE: Sabemos, ó meu Deus, qual é a dificuldade que enfrentam aqueles que encurtam voluntariamente seus dias, mas também sabemos que infinita é a tua misericórdia. Digna-te, pois, de estendê-la sobre a alma de [nome da pessoa]. Possam as nossas preces e a tua compaixão abrandar a intensidade dos sofrimentos que ele(a) está experimentando, por não ter tido a coragem de aguardar o fim de suas provas.

Bons Espíritos, que tendes por missão assistir os desamparados, tomai-o(a) sob a vossa proteção; inspirai-lhe o arrependimento pelo erro cometido. Que a vossa assistência lhe dê forças para suportar com mais resignação as novas provas, para que possa repará-las. Afastai dele(a) os maus Espíritos, que poderiam impeli-lo(a) novamente para o mal e prolongar-lhe os sofrimentos, fazendo-o(a) perder o fruto de suas futuras provas.

A ti, cuja situação motiva as nossas preces, nos dirigimos também para expressar o desejo de que a nossa compaixão diminua o teu sofrimento e faça nascer em ti a esperança de um futuro melhor! Confia na bondade de Deus, cujo amor se abre a todos os arrependimentos e só se mantém fechado aos corações endurecidos.

NENHUM ESPÍRITO ESTÁ PERDIDO OU CONDENADO ETERNAMENTE. TODOS TÊM A CHANCE DE SE REDIMIR, APRENDER E EVOLUIR, INDEPENDENTEMENTE DOS ERROS COMETIDOS. PARA AQUELE QUE LIDA COM A PARTIDA PRECOCE DE UM ENTE QUERIDO, BUSQUE O CONSOLO NA COMPREENSÃO DE QUE O ESPÍRITO DAQUELE QUE PARTIU ESTÁ SENDO AMPARADO E ORIENTADO NO PLANO ESPIRITUAL. NOSSAS PRECES E VIBRAÇÕES POSITIVAS PODEM AJUDAR ESSES ESPÍRITOS A ENCONTRAR A PAZ E A FORÇA NECESSÁRIAS PARA SUPERAR O ARREPENDIMENTO E CONTINUAR SUA JORNADA EVOLUTIVA.

ORAÇÃO DO PAI NOSSO

Portanto, eu digo: Tudo o que vocês pedirem em oração, creiam que já o receberam, e assim sucederá.

MARCOS 11:24

A Oração do Pai Nosso não é só uma prece, mas também um símbolo, devido à sua origem em Jesus e à sua capacidade de sintetizar todos os deveres do homem para com Deus, consigo mesmo e com o próximo. Embora breve, seu profundo significado muitas vezes escapa às pessoas, que a recitam como uma fórmula repetitiva. Para esclarecer suas proposições, adicionamos comentários que explicam e mostram suas aplicações, permitindo que a oração seja compreendida em toda a sua profundidade.

I. Pai nosso, que estás no céu, santificado seja o teu nome!

Acreditamos no Senhor, porque tudo ao nosso redor revela Seu poder e Sua bondade. A harmonia do Universo é um testemunho claro de uma sabedoria e prudência que vão além de nossas capacidades humanas. Desde o pequeno raminho de erva e o minúsculo inseto até os majestosos astros que se movem no espaço, podemos ver inscrito o nome de um ser supremamente grande e sábio. Em todas as partes, encontramos provas de Sua solicitude paternal.

Muitas vezes, em nossa correria diária, esquecemos de parar e apreciar essas maravilhas ao nosso redor. No entanto, ao abrir nossos corações e mentes para essa beleza e harmonia, encontramos uma paz interior e uma certeza de que não estamos sozinhos. Cada detalhe da criação é uma lembrança de que somos cuidados e amados por um poder maior.

Cego é aquele que não reconhece essa verdade nas Suas obras, orgulhoso é aquele que não O glorifica, e ingrato é aquele que a Ele não rende graças.

II. Venha o teu reino!

Pense no quanto a vida seria mais harmoniosa se seguíssemos as leis cheias de sabedoria que o Senhor nos deu. Essas leis são um guia infalível para a felicidade e a paz. Se todos nós as cumpríssemos, viveríamos em um mundo onde a justiça e o auxílio mútuo prevaleceriam, ao invés das divisões e maltratos que infelizmente vemos hoje. Imagine um mundo onde os fortes sustentam os fracos, onde os excessos e abusos são evitados, e onde o bem-estar coletivo é uma prioridade.

Muitas das misérias que enfrentamos são resultado direto de violarmos essas leis. Cada infração traz suas consequências, mas também temos a oportunidade de escolher o caminho do bem. O Senhor deu ao homem, além do instinto, a inteligência e a razão, e a liberdade de decidir entre o bem e o mal. Essa liberdade é um presente precioso, pois nos dá o mérito e a responsabilidade por nossas ações.

Todos nós, sem exceção, temos essas leis gravadas em nossa consciência. Elas não fazem distinção de cultos ou nações. Quando as ignoramos, é porque escolhemos desprezá-las, não por falta de conhecimento. Mas há esperança, pois o Senhor prometeu que um dia todos seguirão essas leis. Quando esse dia chegar, a incredulidade desaparecerá, e todos reconhecerão o Senhor como soberano de todas as coisas. O reinado dessas leis será o verdadeiro reino na Terra.

III. Faça-se a tua vontade, assim na Terra como no Céu.

Refletir sobre a importância da submissão pode trazer uma profunda compreensão sobre nosso papel no universo e nossa relação com o Criador. Assim como um filho deve respeito e obediência ao pai, e um subordinado ao seu superior, quão maior deve ser a nossa submissão ao Criador, fonte de toda sabedoria e poder!

Cumprir a vontade do Senhor significa observar Suas leis e aceitar, sem reclamações, Seus decretos. Quando entendemos que Ele é a origem de toda sabedoria e que, sem Ele, nada podemos realizar, nossa perspectiva muda. Passamos a ver a submissão não como um fardo, mas como uma expressão de confiança e amor.

Imagine a paz que poderemos alcançar ao aceitar os desígnios divinos, sabendo que tudo tem um propósito maior. Quando reconhecemos que os planos do Senhor são sempre para o nosso bem, mesmo que não compreendamos imediatamente, nossa fé se fortalece e encontramos serenidade.

IV. Dá-nos o pão de cada dia.

Peçamos ao Senhor o sustento necessário para o corpo e para o espírito. O homem, criado livre, encontra no trabalho a obrigação que exercita a inteligência e promove o bem-estar.

O trabalho, seja manual ou intelectual, é essencial para nossa evolução e felicidade.

O Senhor ajuda quem confia e trabalha com boa vontade, mas não recompensa a ociosidade ou a busca pelo supérfluo. Muitas vezes, nossos infortúnios são consequência de nossa própria negligência ou ambição. Mesmo assim, Deus, em Sua infinita misericórdia, está sempre pronto a nos acolher quando nos arrependemos sinceramente.

Antes de reclamar de nossas dificuldades, devemos refletir se elas não são fruto de nossas ações. Deus nos deu inteligência para superar os desafios; cabe a nós usá-la sabiamente.

Peçamos ao Senhor coragem e forças para obedecer à lei do trabalho, e também prudência e moderação para não perdermos seus frutos. Confiemos na providência divina quando o trabalho nos for impossível, aceitando as provações como justas expiações.

Devemos evitar invejar os que possuem mais e perdoar quem esquece a lei da caridade.

Não duvidemos da justiça divina ao ver a prosperidade do mau e a desgraça do justo, pois sabemos que a verdadeira felicidade é eterna para quem sofre resignado.

V. Perdoa as nossas dívidas, como perdoamos aos que nos devem. — Perdoa as nossas ofensas, como perdoamos aos que nos ofenderam.

Cada vez que infringimos as leis divinas, contraímos uma dívida que cedo ou tarde teremos que pagar. Peçamos perdão ao Senhor, comprometendo-nos a evitar novas ofensas. A caridade, conforme nos ensinou, vai além de ajudar os necessitados; inclui também esquecer e perdoar ofensas. Como podemos pedir indulgência divina se não a praticamos com os outros?

Roguemos a Deus forças para eliminar todo ressentimento, ódio e rancor de nossos corações. Que a morte não nos surpreenda com desejos de vingança. Se Deus decidir nos levar hoje, que possamos nos apresentar puros de animosidade, seguindo o exemplo de Cristo, que perdoou até seus algozes.

As perseguições que sofremos fazem parte de nossas provas terrenas. Devemos aceitá-las sem reclamar, pois elas fortalecem nossa alma e nos levam à felicidade eterna. Jesus nos disse: "Bem-aventurados os que são perseguidos por causa da justiça!" Devemos abençoar as mãos que nos ferem, pois as mortificações do corpo fortalecem a alma.

Agradeçamos ao Senhor por nos ensinar que nossa sorte não está fixada após a morte; teremos outras existências para reparar nossas culpas e progredir. Essa compreensão ilumina nosso passado e futuro, revelando a justiça e bondade infinita de Deus.

VI. Não nos deixes entregues à tentação, mas livra-nos do mal.

Peçamos ao Senhor a força para resistir às influências dos espíritos maus e aos maus pensamentos. Como espíritos imperfeitos, estamos aqui para expiar nossas faltas e melhorar. A causa do mal está em nós mesmos, e os espíritos maus apenas aproveitam nossas fraquezas. Cada imperfeição é uma porta aberta para sua influência, enquanto seres perfeitos estão protegidos.

Precisamos direcionar nossos esforços contra nossas próprias falhas. Com uma vontade firme de permanecer no bem e rejeitar o mal, afastaremos naturalmente os espíritos maus, pois o mal os atrai e o bem os repele.

O Senhor nos ampara em nossa fraqueza. Nos inspira, através dos nossos anjos guardiães e espíritos bons, a vontade de corrigir nossas imperfeições e impedir o acesso dos espíritos maus à nossa alma.

O mal não é obra de Deus; ele surge quando infringimos Suas leis e usamos mal a liberdade dada por Ele. Ao cumprir essas leis, o mal desaparecerá da Terra. O mal não é uma necessidade fatal; podemos escolher praticar o bem. Pedimos a Deus e aos espíritos bons que nos assistam, para que possamos resistir à tentação e seguir o caminho do bem.

VII. Assim seja.

Pedimos ao Senhor que nossos desejos se realizem. No entanto, aceitamos a Sua infinita sabedoria. Que em tudo que está além da nossa compreensão, prevaleça a vontade divina e não a nossa, pois Ele sempre quer o nosso bem e sabe o que é melhor para nós.

Dirigimos esta prece por nós mesmos e por todas as almas sofredoras, encarnadas e desencarnadas, pelos nossos amigos e inimigos, por todos que solicitam nossa assistência.

Para todos, suplicamos Sua misericórdia e Sua bênção.

RECONHECER A PRESENÇA DIVINA EM CADA ASPECTO DA CRIAÇÃO NOS FORTALECE E NOS INSPIRA A VIVER COM MAIS AMOR E COMPAIXÃO. QUE POSSAMOS, A CADA DIA, ABRIR NOSSOS OLHOS PARA ESSAS MARAVILHAS E RECONHECER O TOQUE DIVINO EM TUDO O QUE NOS CERCA. AO FAZER ISSO, ENCONTRAMOS FORÇA E ESPERANÇA PARA SUPERAR OS DESAFIOS.